CADERNO DE ATIVIDADES
1

Organizadora: Editora Moderna

Obra coletiva concebida, desenvolvida e produzida pela Editora Moderna.

Editores Executivos:
Maíra Rosa Carnevalle, Ana Claudia Fernandes e Cesar Brumini Dellore

NOME: ....

.... TURMA: ....

ESCOLA: ....

....

1ª edição

© Editora Moderna, 2019

Elaboração de originais:

Andrea de Marco Leite de Barros
Bacharel em Geografia pela Universidade de São Paulo.
Mestre em Ciências, área de Geografia Humana, pela Universidade de São Paulo. Editora.

Fernanda Pereira Righi
Bacharel em Geografia pela Universidade Federal de Santa Maria.
Mestre em Ciências, área de Geografia Humana, pela Universidade de São Paulo. Editora.

Maiara Henrique Moreira
Bacharel e licenciada em História pela Universidade de São Paulo. Editora.

Natalia Leporo
Licenciada em Ciências da Natureza pela Universidade de São Paulo. Mestre em Ciências, programa: Ensino de Ciências, pela Universidade de São Paulo. Editora.

Coordenação editorial: Ana Cláudia Fernandes, Cesar Brumini Dellore e Maíra Rosa Carnevalle
Edição de texto: Ofício do Texto Projetos Editoriais
Assistência editorial: Ofício do Texto Projetos Editoriais
Gerência de *design* e produção gráfica: Everson de Paula
Coordenação de produção: Patricia Costa
Suporte administrativo editorial: Maria de Lourdes Rodrigues
Coordenação de *design* e projetos visuais: Marta Cerqueira Leite
Projeto gráfico: Adriano Moreno Barbosa, Daniel Messias, Mariza de Souza Porto
Capa: Bruno Tonel
  Ilustração: Raul Aguiar
Coordenação de arte: Wilson Gazzoni Agostinho
Edição de arte: Teclas Editorial
Editoração eletrônica: Teclas Editorial
Coordenação de revisão: Elaine Cristina del Nero
Revisão: Ofício do Texto Projetos Editoriais
Coordenação de pesquisa iconográfica: Luciano Baneza Gabarron
Pesquisa iconográfica: Ofício do Texto Projetos Editoriais
Coordenação de *bureau*: Rubens M. Rodrigues
Tratamento de imagens: Fernando Bertolo, Joel Aparecido, Luiz Carlos Costa, Marina M. Buzzinaro
Pré-impressão: Alexandre Petreca, Everton L. de Oliveira, Marcio H. Kamoto, Vitória Sousa
Coordenação de produção industrial: Wendell Monteiro
Impressão e acabamento: Serzegraf
Lote: 285664

Dados Internacionais de Catalogação na Publicação (CIP)
(Câmara Brasileira do Livro, SP, Brasil)

Buriti plus interdisciplinar : ciências, história e geografia : caderno de atividades / organizadora Editora Moderna; obra coletiva concebida, desenvolvida e produzida pela Editora Moderna ; editores executivos Ana Claudia Fernandes, Cesar Brumini Dellore, Maíra Rosa Carnevalle. – 1. ed. – São Paulo : Moderna, 2019. – (Projeto Buriti)

Obra em 1 v. para alunos do 1º ano.

1. Ciências (Ensino fundamental) 2. Geografia (Ensino fundamental) 3. História (Ensino fundamental) I. Fernandes, Ana Claudia. II. Dellore, Cesar Brumini. III. Carnevalle, Maíra Rosa. IV. Série.

19-23373   CDD-372.19

Índices para catálogo sistemático:
1. Ensino integrado : Livros-texto : Ensino fundamental   372.19

Maria Alice Ferreira — Bibliotecária — CRB-8/7964

ISBN 978-85-16-11745-0 (LA)
ISBN 978-85-16-11746-7 (LP)

Reprodução proibida. Art. 184 do Código Penal e Lei 9.610 de 19 de fevereiro de 1998.
Todos os direitos reservados
EDITORA MODERNA LTDA.
Rua Padre Adelino, 758 – Belenzinho
São Paulo – SP – Brasil – CEP 03303-904
Vendas e Atendimento: Tel. (0_ _11) 2602-5510
Fax (0_ _11) 2790-1501
www.moderna.com.br
2019
Impresso no Brasil

1 3 5 7 9 10 8 6 4 2

CARO(A) ALUNO(A),

FIZEMOS ESTE *CADERNO DE ATIVIDADES* PARA REFORÇAR E EXPANDIR AINDA MAIS SEUS CONHECIMENTOS EM HISTÓRIA, GEOGRAFIA E CIÊNCIAS.

AQUI VOCÊ VAI ENCONTRAR ATIVIDADES VARIADAS, DISTRIBUÍDAS EM QUATRO UNIDADES.

NO INÍCIO DE CADA UNIDADE, NA SEÇÃO **LEMBRETES**, HÁ UM RESUMO DOS PONTOS PRINCIPAIS DOS ASSUNTOS, SEGUIDO DE UM CONJUNTO DE ATIVIDADES PARA VOCÊ RECORDAR E APROFUNDAR O APRENDIZADO.

BOM TRABALHO!

OS EDITORES

SUMÁRIO

UNIDADE 1 • QUEM É VOCÊ
LEMBRETES 5
ATIVIDADES 6

UNIDADE 2 • A FAMÍLIA
LEMBRETES 16
ATIVIDADES 18

UNIDADE 3 • LUGAR DE MORAR
LEMBRETES 27
ATIVIDADES 29

UNIDADE 4 • LUGAR DE ESTUDAR
LEMBRETES 38
ATIVIDADES 40

PIC-NIC NA PRIMAVERA, ÓLEO SOBRE TELA, DE BARBARA ROCHLITZ, 2016.

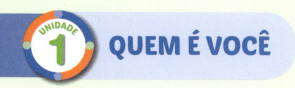

UNIDADE 1 — QUEM É VOCÊ

LEMBRETES

TUDO TEM NOME

- O **NOME** IDENTIFICA TODAS AS COISAS QUE EXISTEM.
  - → OBJETOS, FLORES, LUGARES E PESSOAS TÊM NOME.
- O NOME FAZ PARTE DA **HISTÓRIA** DE CADA PESSOA.
  - → AS **MEMÓRIAS** AJUDAM A CONHECER A SUA HISTÓRIA.
  - → A **LINHA DO TEMPO** AJUDA A ORGANIZAR SUAS MEMÓRIAS.
- AS PESSOAS SÃO DIFERENTES, E AS DIFERENÇAS TORNAM CADA PESSOA ÚNICA. TODAS AS PESSOAS DEVEM SER RESPEITADAS.

CONHECENDO O CORPO

- CADA PARTE DO CORPO TEM UM NOME.
  - → **PERNAS** E **BRAÇOS** SÃO ALGUMAS PARTES DO CORPO.
- UMA **FOTOGRAFIA** OU UM **DESENHO** PODEM REPRESENTAR DIFERENTES PARTES DO CORPO.
  - → O CORPO PODE SER REPRESENTADO **DE FRENTE** OU **DE COSTAS**.
- O CORPO TEM DOIS LADOS, O **ESQUERDO** E O **DIREITO**.
- PODEMOS **PERCEBER** O AMBIENTE USANDO DIFERENTES PARTES DO CORPO, COMO OS OLHOS E AS ORELHAS.
- PARA SE MANTER SAUDÁVEL, É IMPORTANTE **CUIDAR DO CORPO**.
  - → **HÁBITOS DE HIGIENE**, COMO TOMAR BANHO E LAVAR AS MÃOS, AJUDAM A MANTER A SAÚDE DO CORPO.
- **BRINCAR** É IMPORTANTE PARA MANTER O CORPO E A MENTE SAUDÁVEIS.

ATIVIDADES

1 LIGUE A FOTO AO SEU NOME.

| MAÇÃ | XÍCARA | GIRASSOL | GATO |

- QUAL É O NOME QUE SE REFERE A UM ANIMAL?

_____

- QUAL É O NOME QUE SE REFERE A UMA FLOR?

_____

2 RECORTE DE REVISTAS E JORNAIS AS LETRAS DO SEU NOME. COLE-AS NO ESPAÇO A SEGUIR.

- AGORA, ESCREVA O SEU SOBRENOME.

_____

3 LEIA O TEXTO A SEGUIR SOBRE A HISTÓRIA DA ESCOLHA DO NOME DE UM MENINO INDÍGENA DO POVO MUNDURUKU.

KARU BEMPÔ, O PAJÉ [CHEFE], VIU A CRIANÇA NASCER E CRESCER EMBALADA PELO COLO AMOROSO DA MÃE. [...] LEMBRAVA O DIA EM QUE DERA O NOME DE KAXI PARA O PEQUENO, NUMA CERIMÔNIA QUE ACONTECE ANUALMENTE. FOI UM NOME INSPIRADO PELOS ANTEPASSADOS EM UM SONHO. RECORDA-O COM NITIDEZ: ACHAVA-SE NO MEIO DA MATA COBERTA PELAS GRANDES COPAS DAS ÁRVORES. [...] DE REPENTE [...] OLHOU PRA CIMA [...]. VIU A LUA, COM TODO O SEU BRILHO, COMO SE ESTIVESSE SORRINDO E DIZENDO-LHE: KAXI, KAXI, KAXI. ENTÃO SERIA ESSE O NOME DO MENINO, KAXI, A LUA QUE BRILHA SOBRE OS HOMENS.

DANIEL MUNDURUKU. *HISTÓRIAS DE ÍNDIO*.
SÃO PAULO: COMPANHIA DAS LETRINHAS, 1996. P. 12 E 14.

- COMO O PAJÉ KARU BEMPÔ CONTA A HISTÓRIA DA ESCOLHA DO NOME DE KAXI?

  ☐ ELE LÊ A HISTÓRIA NUM LIVRO.

  ☐ ELE CONTA A HISTÓRIA COM BASE EM SUAS LEMBRANÇAS.

- SUBLINHE NO TEXTO O TRECHO COM ESSA AFIRMAÇÃO.

- QUEM ESCOLHEU O NOME DE KAXI?

  _____

- QUAL É O SIGNIFICADO DO NOME KAXI?

  _____

4 NUMERE AS MEMÓRIAS DE LAURA NA LINHA DO TEMPO, DA MAIS ANTIGA PARA A MAIS RECENTE.

5 ESCREVA A COR DOS OLHOS E DOS CABELOS DE CADA CRIANÇA.

OLHOS: _____

CABELO: _____

OLHOS: _____

CABELO: _____

OLHOS: _____

CABELO: _____

6 LEIA O QUE CADA CRIANÇA ESTÁ FALANDO.

- QUAL CRIANÇA TEM OS CABELOS MAIS CLAROS?
  _____

- QUAL CRIANÇA É MAIS ALTA?
  _____

- AS CARACTERÍSTICAS FÍSIAS E AS PREFERÊNCIAS DESSAS CRIANÇAS SÃO BOAS OU RUINS? EXPLIQUE.
  _____
  _____

- AGORA É SUA VEZ DE ESCREVER ONDE MORA E O QUE GOSTA DE FAZER.

  MEU NOME É _____.
  EU MORO EM _____.
  E GOSTO DE _____.

7 ESCREVA NOS RETÂNGULOS O NOME DE CADA PARTE DO CORPO DE MATEUS.

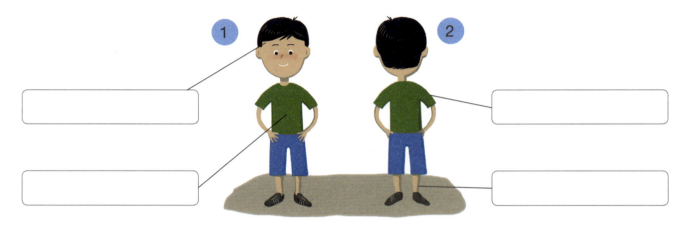

- QUAL IMAGEM REPRESENTA MATEUS DE FRENTE? E DE COSTAS?

_____

8 QUAL PARTE DO CORPO ESTÁ SENDO MAIS USADA PARA PERCEBER O QUE ESTÁ ACONTECENDO EM CADA SITUAÇÃO?

9 OS ALUNOS DO PRIMEIRO ANO ESTÃO PARTICIPANDO DE UM CAMPEONATO DE FUTEBOL. OBSERVE A IMAGEM.

- QUANTAS CRIANÇAS ESTÃO DE FRENTE? ☐ 2 ☐ 3 ☐ 4

- QUANTAS CRIANÇAS ESTÃO DE COSTAS? ☐ 2 ☐ 3 ☐ 4

- MARIANA ESTÁ TORCENDO PARA O TIME VERMELHO. OBSERVE A IMAGEM.

- MARIANA ESTÁ:

  ☐ DE FRENTE.   ☐ DE COSTAS.

- DESENHE UMA BANDEIRA NA MÃO ESQUERDA DE MARIANA.

- COM QUAL MÃO MARIANA SEGURA OS BALÕES?

  ☐ MÃO DIREITA.   ☐ MÃO ESQUERDA.

10 MARQUE OS HÁBITOS DE HIGIENE QUE DEVEMOS TER TODOS OS DIAS.

CORTAR AS UNHAS.

LAVAR AS MÃOS.

VESTIR ROUPAS LIMPAS.

CORTAR O CABELO.

11 O QUE É O QUE É? ESCREVA OS NOMES DAQUILO QUE É USADO NA HORA DO BANHO.

ESCORRE PELO CORPO, ELIMINANDO A SUJEIRA E O SUOR: _____

É PASSADO EM TODO O CORPO PARA LIMPAR E PERFUMAR: _____

É USADO PARA LIMPAR OS CABELOS: _____

É USADA PARA SECAR O CORPO APÓS O BANHO: _____

É USADO NOS CABELOS PARA DEIXÁ-LOS MACIOS: _____

12 ESCREVA O NOME DOS OBJETOS RELACIONADOS AOS HÁBITOS DE HIGIENE QUE PREVINEM AS CÁRIES.

_____   _____   _____

13 ALÉM DOS HÁBITOS DE HIGIENE, OUTRAS AÇÕES SÃO IMPORTANTES PARA CUIDAR DA SAÚDE.

- ESCREVA QUAIS SÃO AS AÇÕES PARA CUIDAR DA SAÚDE QUE ESTÃO REPRESENTADAS EM CADA IMAGEM.

_____   _____

_____   _____

ILUSTRAÇÕES: CARLOS ASANUMA

14 LIGUE A BRINCADEIRA AO SEU BRINQUEDO.

PIÃO

PEGA-VARETAS

PETECA

BOLINHA DE GUDE

15 DESENHE SUA BRINCADEIRA PREFERIDA.

16 OBSERVE AS IMAGENS E RESPONDA ÀS QUESTÕES.

CRIANÇAS DA TRIBO INDÍGENA SATERÊ-MAWÉ BRINCANDO NO MUNICÍPIO DE MANAUS, NO ESTADO DO AMAZONAS, EM 2018.

CRIANÇAS BRINCANDO NO MUNICÍPIO DE SÃO PAULO, NO ESTADO DE SÃO PAULO, EM 2019.

- O QUE AS IMAGENS MOSTRAM?

_____

- ONDE VIVEM AS CRIANÇAS DAS IMAGENS?

_____

- DE QUE ELAS ESTÃO BRINCANDO?

  ☐ AMARELINHA   ☐ PULAR CORDA

  ☐ CABO DE GUERRA   ☐ ESCONDE-ESCONDE

- ESSA BRINCADEIRA EXISTIA NO PASSADO?

  ☐ SIM   ☐ NÃO

- PARA SE DIVERTIR COM ESSA BRINCADEIRA, QUAL É O OBJETO DE QUE PRECISAMOS?

_____

UNIDADE 2 — A FAMÍLIA

LEMBRETES

AS FAMÍLIAS SÃO DIFERENTES

- EXISTEM DIVERSOS TIPOS DE FAMÍLIA.
- NO PASSADO, ERA COMUM AS MULHERES TEREM MUITOS FILHOS E CUIDAREM DA CASA, ENQUANTO OS HOMENS TRABALHAVAM FORA.
  → ATUALMENTE, HOMENS E MULHERES TRABALHAM FORA E COSTUMAM DIVIDIR OS CUIDADOS COM A CASA E A FAMÍLIA.
- A ÁRVORE GENEALÓGICA É UMA FORMA DE CONHECER A HISTÓRIA DA SUA FAMÍLIA.

VIDA EM FAMÍLIA

- A **ROTINA** É FORMADA PELAS ATIVIDADES REALIZADAS TODOS OS DIAS.
  - → AS ATIVIDADES DA ROTINA PODEM SER REALIZADAS DE **MANHÃ**, DE **TARDE** E DE **NOITE**.
  - → OS SERES VIVOS TÊM UM **"RELÓGIO INTERNO"** QUE ORIENTA AS ATIVIDADES DO DIA E DA NOITE.
  - → AS ATIVIDADES DA ROTINA SÃO REALIZADAS EM DIFERENTES **DIAS DA SEMANA**.
- ALGUNS REFERENCIAIS PARA SE LOCALIZAR NO ESPAÇO SÃO **EM CIMA**, **EMBAIXO**, **ESQUERDA** E **DIREITA**.
- O DIA PODE ESTAR **ENSOLARADO** OU **CHUVOSO**, **QUENTE** OU **FRIO**.
  - → NOS DIAS QUENTES, DEVEMOS USAR ROUPAS LEVES.
  - → NOS DIAS FRIOS, DEVEMOS USAR ROUPAS QUE AQUEÇAM O CORPO.
  - → NOS DIAS DE CHUVA, DEVEMOS USAR OBJETOS QUE NÃO DEIXAM A ÁGUA PASSAR, COMO O GUARDA-CHUVA.

LAZER EM FAMÍLIA

- AS **ATIVIDADES DE LAZER** SÃO AQUELAS QUE FAZEMOS PARA NOS DIVERTIR.
  - → ELAS PODEM SER REALIZADAS EM DIVERSOS LUGARES, COMO PARQUES, PRAÇAS, MUSEUS E A PRAIA.
  - → NA PRAIA, É PRECISO TOMAR ALGUNS CUIDADOS, COMO USAR PROTETOR SOLAR E BEBER BASTANTE ÁGUA.
- OS **ESPAÇOS PÚBLICOS** PODEM SER UTILIZADOS POR TODAS AS PESSOAS PARA PASSEAR, BRINCAR E PRATICAR ESPORTES.

ATIVIDADES

1 COMPLETE AS FRASES COM AS PALAVRAS DO QUADRO.

> BISAVÓ   PRIMO   MÃE   AVÔ   TIO

- A MÃE DO SEU IRMÃO É SUA _____.
- O IRMÃO DO SEU PAI É SEU _____.
- O FILHO DO SEU TIO É SEU _____.
- A MÃE DA SUA AVÓ É SUA _____.
- O PAI DO SEU PAI É SEU _____.

2 PINTE A FAMÍLIA MAIS ADEQUADA DE ACORDO COM A ÉPOCA.

- 100 ANOS ATRÁS.

- ATUALMENTE.

3 LEIA O TEXTO E RESPONDA ÀS QUESTÕES.

MARIA NOITE, MARIA DIA

ESTA É A HISTÓRIA DE DUAS IRMÃS:
MARIA LIA E MARIA LUZ.
PRIMEIRO NASCEU MARIA LIA,
NUM DIA QUENTE DE VERÃO,
QUANDO O SOL BRILHAVA FORTE [...]
[...] FOI ASSIM QUE NASCEU MARIA LUZ,
NUMA NOITE EM QUE AS ESTRELAS ESTAVAM SORRINDO.

ELISABETH MAGGIO. *MARIA NOITE, MARIA DIA*.
SÃO PAULO: MODERNA, 2004. P. 4-16.

- EM QUE PERÍODO DO DIA MARIA LIA NASCEU?

  ☐ DIA   ☐ NOITE

- EM QUE PERÍODO DO DIA MARIA LUZ NASCEU?

  ☐ DIA   ☐ NOITE

- O QUE HAVIA NO CÉU QUANDO MARIA LIA NASCEU?

  _____

- O QUE HAVIA NO CÉU QUANDO MARIA LUZ NASCEU?

  _____

- E VOCÊ, EM QUE PERÍODO DO DIA NASCEU?

  ☐ MANHÃ   ☐ TARDE   ☐ NOITE

4 RESPONDA ÀS QUESTÕES SOBRE A SUA ROTINA.

- VOCÊ VAI À ESCOLA EM QUE PERÍODO DO DIA?

___

- O QUE VOCÊ FAZ NO PERÍODO DO DIA EM QUE NÃO ESTÁ NA ESCOLA?

___

- O QUE VOCÊ COSTUMA FAZER À NOITE?

___

- QUE HORAS VOCÊ COSTUMA DORMIR?

___

5 OBSERVE AS IMAGENS E ESCREVA SE OS ANIMAIS SÃO DIURNOS OU NOTURNOS.

MORCEGO

ARARA

MACACO

GAMBÁ

6 OBSERVE AS ATIVIDADES QUE MIGUEL REALIZA EM CADA DIA DA SEMANA.

- QUAIS ATIVIDADES MIGUEL REALIZA UMA ÚNICA VEZ NA SEMANA?

_____

_____

- QUAIS ATIVIDADES ELE REALIZA MAIS DE UMA VEZ POR SEMANA?

_____

_____

- EM QUAIS DIAS DA SEMANA ELE ESTUDA OUTRO IDIOMA?

_____

- EM QUAIS DIAS DA SEMANA ELE ANDA DE BICICLETA?

_____

- EM QUAL DIA DA SEMANA ELE APRENDE A TOCAR UM INSTRUMENTO MUSICAL?

_____

7 OBSERVE AS CENAS.

- COMO ESTÁ O DIA NA CENA 1?

  ☐ ENSOLARADO   ☐ QUENTE   ☐ CHUVA FRACA

  ☐ CHUVA FORTE   ☐ NUBLADO   ☐ FRIO

- COMO ESTÁ O DIA NA CENA 2?

  ☐ ENSOLARADO   ☐ QUENTE   ☐ CHUVA FRACA

  ☐ CHUVA FORTE   ☐ NUBLADO   ☐ FRIO

- AGORA, CONVERSE COM SEUS COLEGAS SOBRE COMO ESTÁ O DIA NO LUGAR ONDE VIVE.

  _____

- DESENHE SÍMBOLOS PARA REPRESENTAR DIAS ENSOLARADOS, NUBLADOS E CHUVOSOS.

DIA ENSOLARADO	DIA NUBLADO	DIA CHUVOSO

8 LIGUE CORRETAMENTE AS PEÇAS DO QUEBRA-CABEÇA E FORME FRASES.

- NOS DIAS DE CALOR, DEVEMOS
- NOS DIAS DE CHUVA, É IMPORTANTE
- NOS DIAS DE FRIO, DEVEMOS

- USAR OBJETOS QUE NÃO DEIXAM A ÁGUA PASSAR.
- VESTIR ROUPAS LEVES.
- USAR ROUPAS QUE MANTENHAM O CORPO AQUECIDO.

9 ASSINALE AS SITUAÇÕES EM QUE AS PESSOAS ESTÃO PASSANDO FRIO OU CALOR.

- EM SUA OPINIÃO, POR QUE AS PESSOAS ESTÃO COM FRIO OU CALOR NAS SITUAÇÕES ASSINALADAS?

10 PINTE AS ATIVIDADES DE LAZER QUE VOCÊ COSTUMA REALIZAR COM A SUA FAMÍLIA.

- ASSISTIR À TELEVISÃO.
- BRINCAR NO PARQUE.
- FAZER UM PIQUENIQUE.
- VISITAR UM MUSEU.
- IR À PRAIA.
- PASSEAR NA PRAÇA.
- PRATICAR ESPORTES.
- IR AO CINEMA.

- QUAIS DESSAS ATIVIDADES DE LAZER PODEM SER REALIZADAS EM ESPAÇOS PÚBLICOS?

_____

_____

_____

11 COMPLETE AS FRASES COM AS PALAVRAS DO QUADRO.

| MÚSICA | PESSOAS | PRAÇAS | BRINCAR |

- OS PARQUES E AS _____ SÃO ALGUNS EXEMPLOS DE ESPAÇOS PÚBLICOS.

- OS ESPAÇOS PÚBLICOS PODEM SER UTILIZADOS POR TODAS AS _____.

- PASSEAR, _____ E PRATICAR ESPORTES SÃO ATIVIDADES QUE PODEM SER REALIZADAS EM ESPAÇOS PÚBLICOS.

- OS ESPAÇOS PÚBLICOS TAMBÉM PODEM SER UTILIZADOS PARA APRESENTAÇÕES DE _____ E DE TEATRO.

12 CIRCULE AS ATITUDES QUE NÃO CONTRIBUEM PARA A BOA CONVIVÊNCIA EM ESPAÇOS PÚBLICOS.

- ASSINALE AS FRASES QUE CORRIGEM AS ATITUDES QUE VOCÊ CIRCULOU.

☐ NÃO PEGAR OS ANIMAIS SILVESTRES.

☐ NÃO COLHER FRUTOS DAS ÁRVORES.

☐ JOGAR O LIXO NA LIXEIRA.

☐ ANDAR NA COMPANHIA DE ADULTOS.

☐ RECOLHER AS FEZES DOS ANIMAIS.

☐ ANDAR DE BICICLETA NA CICLOVIA E COM EQUIPAMENTOS DE SEGURANÇA.

13 LUCAS E SEUS AMIGOS ESTÃO BRINCANDO DE ESCONDE-ESCONDE NA PRAÇA. LEIA AS DICAS E AJUDE LUCAS A ENCONTRAR OS AMIGOS.

1. SAMUEL SE ESCONDEU EMBAIXO DE UM BANCO.
2. JÚLIA ESTÁ ATRÁS DE UM ARBUSTO.
3. ANDRÉ ESTÁ EM CIMA DE UMA ÁRVORE.
4. LAÍS SE ESCONDEU DENTRO DO CORETO.
5. CAIO ESTÁ ATRÁS DO BEBEDOURO.

- ESCREVA O NOME DAS CRIANÇAS NOS ESPAÇOS EM BRANCO.

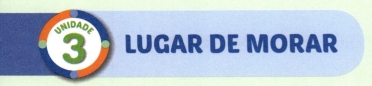

UNIDADE 3 — LUGAR DE MORAR

LEMBRETES

OS AMBIENTES DA MORADIA

- A **MORADIA** É O LUGAR ONDE CONVIVEMOS COM A NOSSA FAMÍLIA E OS NOSSOS AMIGOS.
  → A MORADIA PROTEGE AS PESSOAS DO FRIO, DA CHUVA E DO CALOR.
  → CADA AMBIENTE DE UMA MORADIA É CHAMADO **CÔMODO**.
  → CADA CÔMODO TEM UMA FUNÇÃO.
- **DENTRO**, **FORA**, **PERTO** E **LONGE** SÃO PALAVRAS QUE AJUDAM A LOCALIZAR OBJETOS, PESSOAS E LOCAIS.
- CADA PESSOA TEM SEU LADO **DIREITO** E SEU LADO **ESQUERDO**.
- A **PLANTA** É A REPRESENTAÇÃO DE UM LUGAR VISTO DE CIMA.
- NA COZINHA, PODEMOS OBSERVAR ALGUMAS **TRANSFORMAÇÕES**, COMO O GELO DERRETENDO E O BOLO ASSANDO.

CUIDADOS COM A MORADIA

- OS CÔMODOS DA MORADIA DEVEM ESTAR SEMPRE **LIMPOS**.
  → TODOS PODEM AJUDAR NA LIMPEZA E ORGANIZAÇÃO DA MORADIA.
  → É IMPORTANTE SEPARAR O LIXO DA MORADIA.
  → É IMPORTANTE USAR A ÁGUA SEM DESPERDÍCIO.
- OS ANIMAIS DA MORADIA TAMBÉM DEVEM RECEBER CUIDADOS DE **HIGIENE**.

AS MORADIAS NÃO SÃO IGUAIS

- EXISTEM DIVERSOS TIPOS DE MORADIA, COMO A **CASA TÉRREA**, O **SOBRADO** E O **APARTAMENTO**.

- AS MORADIAS PODEM SER FEITAS COM DIFERENTES **MATERIAIS DE CONSTRUÇÃO**.
  - AS MORADIAS DE ALVENARIA SÃO CONSTRUÍDAS COM **TIJOLOS** E **CIMENTO**.
  - PALAFITAS SÃO MORADIAS DE **MADEIRA** CONSTRUÍDAS ÀS MARGENS DE RIOS.
  - AS CASAS DE PAU A PIQUE SÃO FEITAS DE **BARRO** E **MADEIRA**.
  - AS MORADIAS INDÍGENAS PODEM SER FEITAS COM **PALHA**, **FOLHAS** E **MADEIRA**.
- AS PESSOAS PODEM CONSTRUIR SUA PRÓPRIA MORADIA OU CONTRATAR PROFISSIONAIS PARA ISSO.
  - EXISTEM DIFERENTES **PROFISSIONAIS** QUE SE DEDICAM AO TRABALHO NA CONSTRUÇÃO, COMO O PEDREIRO, O ARQUITETO, O PINTOR E O CARPINTEIRO.
- ALGUNS **ANIMAIS** TAMBÉM CONSTROEM SUAS MORADIAS, COMO OS PÁSSAROS, AS ABELHAS E AS FORMIGAS.
- É POSSÍVEL SABER COMO AS PESSOAS VIVIAM NO PASSADO POR MEIO DE MORADIAS QUE FORAM CONSTRUÍDAS HÁ MUITOS ANOS.

PROFISSIONAIS: ARQUITETA, PEDREIRO E PINTOR.

ATIVIDADES

1 O QUE É UM CÔMODO? FAÇA O DESENHO PARA DAR UM EXEMPLO.

2 LIGUE CADA CÔMODO À ATIVIDADE QUE VOCÊ PODE REALIZAR NELE.

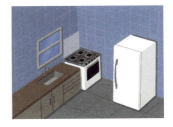

3 OBSERVE A ESTANTE NO QUARTO DE GABRIEL.

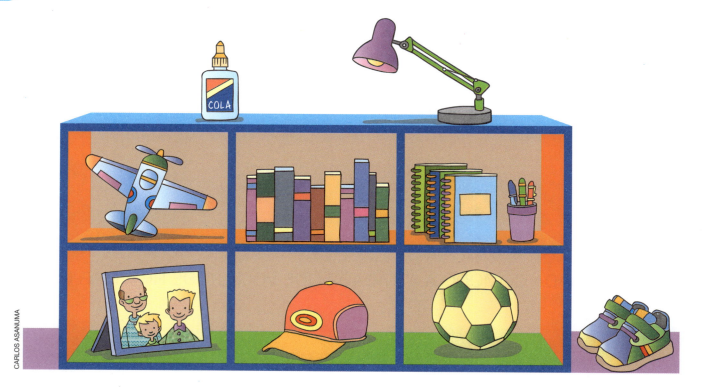

- O QUE ESTÁ DENTRO DA ESTANTE?

  ☐ LIVROS ☐ CANETAS

  ☐ BONÉ ☐ BOLA

  ☐ CADERNOS ☐ LUMINÁRIA

- O QUE ESTÁ EM CIMA DA ESTANTE?

  ☐ LUMINÁRIA ☐ LIVROS ☐ TUBO DE COLA

- ONDE ESTÁ O TÊNIS?

  ☐ DENTRO DA ESTANTE ☐ FORA DA ESTANTE

- O QUE HÁ ENTRE O PORTA-RETRATOS E A BOLA?

  ☐ BONÉ ☐ AVIÃO

4 OBSERVE A CENA.

- O QUE MARIA VÊ À SUA DIREITA?

  ☐ UMA BOLA. ☐ UMA BICICLETA.

- O QUE ELA VÊ À SUA ESQUERDA?

  ☐ UMA BOLA. ☐ UMA BICICLETA.

5 LIGUE AS IMAGENS QUE REPRESENTAM O ANTES E O DEPOIS DAS TRANSFORMAÇÕES QUE OCORREM NA COZINHA.

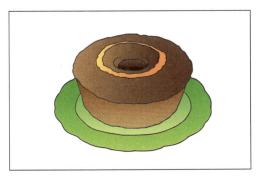

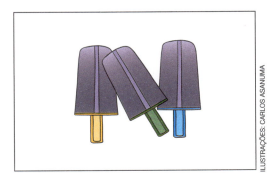

6 ASSINALE AS TAREFAS QUE VOCÊ REALIZA PARA AJUDAR NA LIMPEZA E NA ORGANIZAÇÃO DA SUA MORADIA.

☐ RECOLHE O LIXO.

☐ ARRUMA A SUA CAMA.

☐ VARRE O CHÃO.

☐ LAVA A LOUÇA.

☐ ORGANIZA SEUS LIVROS E BRINQUEDOS.

☐ RECOLHE A ROUPA DO VARAL.

☐ LIMPA O AMBIENTE DO ANIMAL DE ESTIMAÇÃO.

☐ PÕE A TOALHA, OS PRATOS, COPOS E TALHERES NA MESA.

☐ TIRA O PÓ DOS MÓVEIS.

☐ REGA AS PLANTAS.

7 LIGUE CADA TIPO DE LIXO À LIXEIRA ADEQUADA.

8 CLÁUDIA E SEU FILHO PEDRO ESTÃO EM DÚVIDA SOBRE O QUE FAZER PARA EVITAR O DESPERDÍCIO DE ÁGUA NA MORADIA DELES.

- PERCORRA OS CAMINHOS QUE CHEGUEM A ATITUDES POSITIVAS PARA ECONOMIZAR ÁGUA.

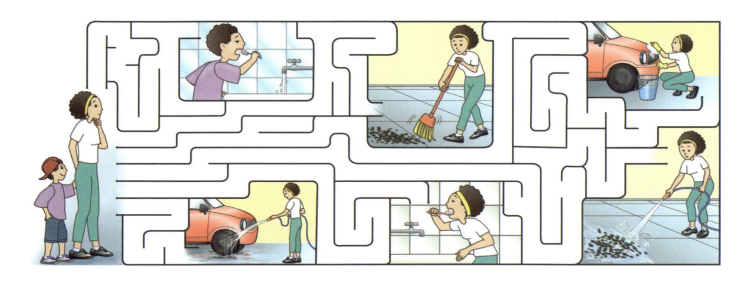

9 OBSERVE OS DESENHOS E COMPLETE AS FRASES.

- MORADIA FEITA COM TIJOLOS E CIMENTO:

    CASA DE _____.

- MORADIA CONSTRUÍDA ÀS MARGENS DE RIO, SOBRE ESTACAS DE MADEIRA:

    _____.

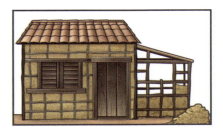

- MORADIA FEITA COM BARRO E MADEIRA:

    CASA DE PAU-A-_____.

10 FAÇA UM DESENHO PARA RETRATAR CADA TIPO DE MORADIA.

CASA TÉRREA

SOBRADO

APARTAMENTO

11 OBSERVE AS MORADIAS.

PALAFITA EM MANAUS, NO ESTADO DO AMAZONAS, EM 2012.

TENDA NO TAJIQUISTÃO, EM 2010.

CASA DE MADEIRA NA TURQUIA, EM 2018.

MORADIA NO PARQUE INDÍGENA DO XINGU, NO ESTADO DE MATO GROSSO, EM 2018.

- NO QUE ESSAS MORADIAS SÃO DIFERENTES? MARQUE COM X.

  ☐ NOS MATERIAIS DE CONSTRUÇÃO.

  ☐ NO TAMANHO.

  ☐ NA IMPORTÂNCIA PARA SEUS MORADORES.

- O QUE ESSAS MORADIAS TÊM EM COMUM?

  ☐ SÃO FEITAS COM O MESMO MATERIAL.

  ☐ SERVEM DE ABRIGO PARA SEUS MORADORES.

  ☐ NELAS, AS PESSOAS PODEM CONVIVER.

  ☐ SÃO DO MESMO TAMANHO.

12 LIGUE CADA CRIANÇA À SUA MORADIA.

EU MORO EM UMA CASA DE PEDRAS.

MORADIA EM MANAUS, NO ESTADO DO AMAZONAS, EM 2015.

EU MORO EM UMA CASA FEITA DE PALHA, FOLHAS E MADEIRA.

MORADIA EM ANDARAÍ, NO ESTADO DA BAHIA, EM 2015.

13 NUMERE AS ETAPAS DA PRODUÇÃO DE TIJOLOS PARA QUE FIQUEM NA ORDEM CORRETA.

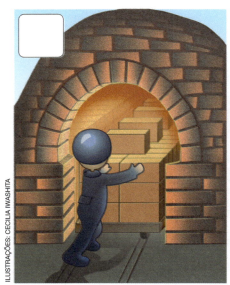

A ARGILA É COLOCADA PARA ASSAR.

A ARGILA É COLOCADA EM FÔRMAS.

A ARGILA É COLOCADA PARA SECAR.

14 ENCONTRE NO DIAGRAMA OS NOMES DAS MORADIAS DOS ANIMAIS ABAIXO.

15 OBSERVE AS IMAGENS QUE MOSTRAM A MESMA MORADIA EM ÉPOCAS DISTINTAS. ASSINALE AS OITO DIFERENÇAS ENTRE ELAS.

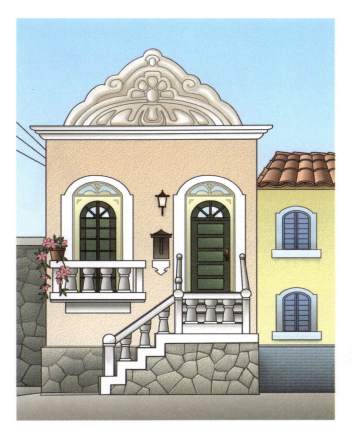

UNIDADE 4 — LUGAR DE ESTUDAR

LEMBRETES

OS AMBIENTES DA ESCOLA

- A ESCOLA TEM DIFERENTES **AMBIENTES** ONDE ACONTECEM VÁRIAS ATIVIDADES.
  - NA **BIBLIOTECA**, É POSSÍVEL LER E PESQUISAR.
  - NA **QUADRA**, OS ALUNOS PRATICAM ESPORTES E ATIVIDADES FÍSICAS.
  - NO **PÁTIO**, OS ALUNOS PODEM BRINCAR, CONVERSAR E LANCHAR.
  - NA **SALA DE AULA**, OS ALUNOS ESTUDAM.

- NOS DIFERENTES AMBIENTES DA ESCOLA, AS REGRAS DEVEM SER RESPEITADAS PARA UMA BOA **CONVIVÊNCIA**.

- AO LONGO DO TEMPO, AS ESCOLAS PASSARAM POR MUITAS MUDANÇAS.
  - AS MUDANÇAS PODEM SER PERCEBIDAS POR MEIO DOS MATERIAIS ESCOLARES, DOS RELATOS DAS PESSOAS E DAS FOTOGRAFIAS.

QUEM FAZ PARTE DA ESCOLA?

- A ESCOLA É FORMADA POR UMA **COMUNIDADE** DE PESSOAS.
  - DIFERENTES **PROFISSIONAIS** TRABALHAM PARA O FUNCIONAMENTO DA ESCOLA, COMO PROFESSORES, FAXINEIROS E SECRETÁRIOS.
  - OS **ALUNOS** DEVEM ESTUDAR E COLABORAR PARA MANTER A ESCOLA LIMPA E ORGANIZADA.
  - OS **FAMILIARES** TAMBÉM PARTICIPAM DAS ATIVIDADES ESCOLARES.

DE QUE SÃO FEITOS OS OBJETOS ESCOLARES

- NAS ATIVIDADES ESCOLARES, SÃO UTILIZADOS DIVERSOS **OBJETOS**.
- OS OBJETOS ESCOLARES MUDARAM COM O PASSAR DO TEMPO.
- OS OBJETOS ESCOLARES SÃO FEITOS DE DIFERENTES **MATERIAIS**, COMO MADEIRA, METAL E PLÁSTICO.
- OS MATERIAIS PODEM SER DUROS OU MALEÁVEIS, OPACOS OU BRILHANTES, TRANSPARENTES ETC.
- OS MATERIAIS PODEM TER DIFERENTES ORIGENS.
  - → **ORIGEM VEGETAL**, COMO MADEIRA, ALGODÃO E PALHA.
  - → **ORIGEM ANIMAL**, COMO COURO E LÃ.
  - → **ORIGEM MINERAL**, COMO ARGILA, AREIA E ROCHAS.
- PARA GERAR MENOS LIXO, AS PESSOAS DEVEM **REPENSAR** SUAS **ATITUDES** EM RELAÇÃO AOS OBJETOS.
  - → **REDUZIR** A QUANTIDADE DE PRODUTOS COMPRADOS.
  - → **RECUSAR** OS PRODUTOS QUE NÃO SÃO NECESSÁRIOS.
  - → **REUTILIZAR** OBJETOS OU EMBALAGENS.

ILUSTRAÇÕES: FERNANDO UEHARA

A ROTINA NA ESCOLA

- NA **ROTINA ESCOLAR**, ALGUNS MOMENTOS SE REPETEM TODOS OS DIAS, COMO A ENTRADA, A HORA DO LANCHE, O RECREIO E A SAÍDA.
- A **HORA DO LANCHE** É O MOMENTO PARA OS ALUNOS SE ALIMENTAREM E CONVERSAREM.
  - → PARA TER UMA **ALIMENTAÇÃO SAUDÁVEL**, É IMPORTANTE VARIAR OS ALIMENTOS.
- AS **DATAS COMEMORATIVAS** OCORREM UMA VEZ POR ANO.
- NO **CAMINHO** DE CASA PARA A ESCOLA, OS ALUNOS PASSAM POR DIFERENTES LOCAIS E RUAS.

ATIVIDADES

1 OBSERVE O DESENHO DE UMA ESCOLA.

- COMPLETE O DESENHO COM OS NOMES DOS AMBIENTES DA ESCOLA. CONSULTE AS PALAVRAS DO QUADRO.

SECRETARIA	QUADRA
SALA DE AULA	BANHEIRO

- QUANTOS AMBIENTES ESSA ESCOLA TEM? _____

- DE QUE PONTO DE VISTA ESSA ESCOLA FOI REPRESENTADA?

  ☐ DE CIMA E DE LADO.

  ☐ DE CIMA.

2 LIGUE CADA AMBIENTE ESCOLAR À ATIVIDADE MAIS ADEQUADA PARA ELE.

QUADRA DE ESPORTES

BIBLIOTECA

PÁTIO

SALA DE AULA

3) OBSERVE A IMAGEM DE UMA ESCOLA DO PASSADO E CIRCULE O QUE NÃO FAZ PARTE DAQUELA ÉPOCA.

4) ENCONTRE NO DIAGRAMA O NOME DE TRÊS PROFISSIONAIS QUE TRABALHAM NA ESCOLA.

A	K	L	G	U	B	N	I	F	E	P
O	P	R	O	F	E	S	S	O	R	G
N	F	O	J	Y	H	B	E	J	P	A
S	E	C	R	E	T	Á	R	I	O	K
G	A	O	N	A	I	B	P	U	C	R
N	I	F	A	X	I	N	E	I	R	O

- DESCREVA A FUNÇÃO DE UM DOS PROFISSIONAIS QUE VOCÊ ENCONTROU NO DIAGRAMA.

_____

_____

5 DESENHE SUA SALA DE AULA VISTA DE CIMA E ESCREVA O SEU NOME, O NOME DE QUEM ESTÁ SENTADO À SUA FRENTE, ATRÁS DE VOCÊ, À SUA ESQUERDA E À SUA DIREITA.

6 CIRCULE CADA OBJETO ESCOLAR USANDO AS CORES DA LEGENDA.

LEGENDA
- OBJETO FEITO DE MADEIRA.
- OBJETO FEITO DE PLÁSTICO.
- OBJETO FEITO DE METAL.

7 MARQUE COM X AS CARACTERÍSTICAS DE CADA MATERIAL A SEGUIR.

Apontador de metal.

RESISTENTE ☐
MALEÁVEL ☐
BRILHANTE ☐

Caderno de brochura.

RÍGIDO ☐
MALEÁVEL ☐
TRANSPARENTE ☐

Pasta de plástico.

RÍGIDO ☐
FLEXÍVEL ☐
TRANSPARENTE ☐

8 LIGUE CADA MATERIAL À FORMA COMO ELE É OBTIDO.

MADEIRA   VEM DAS ROCHAS.

METAL   VEM DAS ÁRVORES.

PLÁSTICO   VEM DO PETRÓLEO.

9 MARIA PRECISA COMPRAR OS MATERIAIS ESCOLARES PARA O PRÓXIMO ANO. MARQUE COM X AS ATITUDES QUE ELA DEVE TOMAR PARA REDUZIR A LISTA DE COMPRAS.

☐ UTILIZAR OS LÁPIS DE COR QUE SOBRARAM DO ANO PASSADO.

☐ REUTILIZAR O ESTOJO DO ANO PASSADO.

☐ DESCARTAR O MATERIAL EM BOM ESTADO QUE POSSUI.

10 PINTE AS FORMAS COM * E ENCONTRE TRÊS ALIMENTOS SAUDÁVEIS PARA COMER NA HORA DO LANCHE.

11 LEVE MAIARA E LEANDRO AOS ALIMENTOS SAUDÁVEIS.

12 PINTE DE AZUL OS DIAS DA SEMANA E DE VERMELHO OS MESES DO ANO.

MARÇO	OUTUBRO	QUARTA-FEIRA	ABRIL
SEGUNDA-FEIRA	MAIO	DEZEMBRO	NOVEMBRO
JULHO	DOMINGO	JANEIRO	TERÇA-FEIRA
QUINTA-FEIRA	SETEMBRO	SÁBADO	JUNHO
SEXTA-FEIRA	FEVEREIRO	AGOSTO	

13 DESENHE NO QUADRO **1** UMA FESTA QUE ACONTECE NA SUA ESCOLA E NO QUADRO **2** UMA COMEMORAÇÃO QUE É CELEBRADA COM A SUA FAMÍLIA.

14 OBSERVE PARTE DO BAIRRO ONDE ALEXANDRE MORA.

- ALEXANDRE MORA EM UM APARTAMENTO. CIRCULE O PRÉDIO ONDE ELE MORA.

- TRACE UM DOS CAMINHOS QUE ALEXANDRE PODE PERCORRER PARA IR A PÉ PARA SUA ESCOLA.

- MARQUE O PONTO DE REFERÊNCIA ADEQUADO PARA A LOCALIZAÇÃO DA ESCOLA NO BAIRRO.

☐ NA FRENTE DA PADARIA.

☐ ATRÁS DA FARMÁCIA.

☐ ENTRE O PRÉDIO E A FARMÁCIA.